Hella Schlüter

Kleine Bibelforscher

Kopiervorlagen für die Klassen 3–6

Vandenhoeck & Ruprecht

Alle Illustrationen von Katrin Wolff, Wiesbaden / S. 38: © Shutterstock, Zvonimir Atletic / S. 41: © Shutterstock, Bocman1973 / S. 47: © Shutterstock, pavila

Bibeltexte: Lutherbibel, revidierter Text 1984, durchgesehene Ausgabe, © 1999 Deutsche Bibelgesellschaft, Stuttgart / S. 9 (2) Gute Nachricht Bibel, revidierte Fassung, durchgesehene Ausgabe, © 2000 Deutsche Bibelgesellschaft, Stuttgart

Umschlagabbildung: shutterstock / Jacek Chabraszewski

Bibliografische Information der Deutschen Nationalbibliothek

Die Deutsche Nationalbibliothek verzeichnet diese Publikation in der Deutschen Nationalbibliografie; detaillierte bibliografische Daten sind im Internet über http://dnb.d-nb.de abrufbar.

ISBN 978-3-525-77661-2
ISBN 978-3-647-77661-3 (E-Book)

© 2013, Vandenhoeck & Ruprecht GmbH & Co. KG, Göttingen/
Vandenhoeck & Ruprecht LLC, Bristol, CT, U. S. A.
www.v-r.de
Alle Rechte vorbehalten. Das Werk und seine Teile sind urheberrechtlich geschützt. Jede Verwertung in anderen als den gesetzlich zugelassenen Fällen bedarf der vorherigen schriftlichen Einwilligung des Verlages.
Printed in Germany.

Satz: textformart, Göttingen
Druck und Bindung: ⊕ Hubert & Co, Göttingen

Gedruckt auf alterungsbeständigem Papier.

Inhalt

Vorwort

Die Bibel – kein Buch aus der Erfahrungswelt der Kinder

In unserer säkularisierten Welt wird es immer seltener, dass Kinder mit Vorerfahrungen über die Bibel in die Schule kommen. Kinder aus kirchlichen Kindergärten kennen manchmal einige Geschichten aus der Bibel – mehr meistens nicht. In der häuslichen Umwelt spielt die Bibel in der Regel keine Rolle mehr, maximal existiert eine alte Familienbibel in der hintersten Ecke des Bücherregals, der keine Beachtung geschenkt wird. Die Zeiten, in denen Kinder zur Taufe eine Kinderbibel bekamen, aus der ihnen regelmäßig vorgelesen wurde, sind lange vorbei. So ist für die meisten Kinder die Bibel ein fremdes Buch, das zudem noch mit vielen Vorurteilen (altertümliche Sprache, langweilige Geschichten) belegt ist.

Kinder im Alter von neun bis zwölf Jahren besitzen einen kritischen Realitätssinn. Im Religionsunterricht spielt die Frage nach der Wahrheit, nach der historischen Richtigkeit also, eine große Rolle. Fragen wie „Kann das überhaupt passiert sein?" oder „Ist das wirklich so gewesen?" beschäftigen die Mädchen und Jungen. Hier kann eine sachkundliche Einheit über die Bibel informieren und damit die Grundlage für die Exegese schaffen.

Die Bibel als Objekt wissenschaftlicher Forschung

Die Fremdheit des Buches Bibel kann nur langfristig und unter verschiedenen Aspekten abgebaut werden. Die Kinder sollen in den vorliegenden Unterrichtsstunden die Bibel als Objekt wissenschaftlicher Forschung erfahren. Für die Lehrkraft im Religionsunterricht ist es wichtig, immer die historisch-kritische Methode im Auge zu behalten, d. h. Ergebnisse der Textkritik, Literarkritik, Formgeschichte, Redaktionsgeschichte und Archäologie. Nur durch sachgemäßen Umgang, d. h. kritisches und methodisch sauberes Arbeiten, mit der Bibel allgemein und den Texten der Bibel, kann für die Schülerinnen und Schüler ein eigener Zugang ermöglicht werden. Die vorliegende Unterrichtseinheit soll als ein Baustein dazu vor allem Einblicke in die Forschungsarbeit an der Bibel geben.

Ziel: Leben in einer vom Christentum geprägten Umwelt

Die Normen und Einstellungen unserer Gesellschaft sind überwiegend in der christlichen Tradition begründet. Die Grundlage des Christentums als Buchreligion ist die Bibel, die im Mittelpunkt des theologischen Denkens steht. Um Ursprung und Herkunftsgeschichte unserer Normen zu verstehen, sind Sachkenntnisse über die Bibel notwendig. Die vorliegende Einheit ist ein Grundstein für ein historisch-kritisches Bibelverständnis. Insgesamt ermöglicht ausschließlich der sachgemäße Umgang mit der Bibel und ihren Texten das Erkennen der Bedeutung der biblischen Botschaft. Haben die Schülerinnen und Schüler die allgemeine Bedeutung der biblischen Botschaft erkannt, können sie weiterführende theologische Fragen für sich selbst beantworten.

Zur Unterrichtseinheit

Neben den ausführlicheren didaktisch-methodischen Hinweisen beschränken sich zusätzliche Sachinformationen auf die wesentlichen Aspekte, die Kinder des 3. bis 6. Schuljahres wissen sollten. Fast alle Materialien sind so konzipiert, dass diese sich als Freiarbeitsmaterialien für die Eigentätigkeit der Schülerinnen und Schüler eignen. Entsprechende Hinweise finden sich im Text.

1. Einführung: Verschiedene Bibeln

Vorbemerkungen

Diese erste Einheit führt zum Thema hin und macht deutlich, dass es viele verschiedene Bibelübersetzungen gibt. Fragen tauchen auf, die im Laufe der Unterrichtseinheit beantwortet werden.

Material

verschiedene Bibeln, ggf. Arbeitsblätter

Erstellung von Freiarbeitsmaterialien

Für die Freiarbeit bieten sich Fotos aus mittelalterlichen Bibeln an, denen die passende Überschrift zugeordnet werden soll. Es sollten nur solche Bilder gesucht werden, zu denen die Kinder die Geschichten bereits im vorangegangenen Religionsunterricht gehört haben. Hier geht es einerseits um eine Auffrischung der ihnen bekannten Texte des Neuen Testamentes und andererseits um die Hinführung zu Kapitel 6.

Mittelalterliche Bilder muten den Kindern oft sehr fremd an, und sie erkennen nur schwer die dargestellte Geschichte.

Tipp: Eine hervorragende Bilderquelle bietet das Adventsbuch 1992 vom Bonifatiuswerk der deutschen Katholiken. Dieser Adventskalender für die Diaspora-Kinderhilfe bietet 26 sehr schöne Bilder aus mittelalterlichen Bibeln (aus dem Codex aureus und aus dem Codex Egberti), die zugehörigen Texte sind in einer Broschüre zusammengefasst.

Verschiedene Internetseiten bieten ebenfalls schönes Bildmaterial.

Unterrichtsplanung

Vorbereitung

Die Mädchen und Jungen werden aufgefordert, Bibeln von zu Hause mitzubringen. Erfahrungsgemäß werden einige Kinder Traubibeln ihrer Eltern oder Großeltern mitbringen, andere vielleicht ihre eigenen Kinderbibeln. Zur Sicherheit sollte die Lehrkraft mindestens eine Lutherbibel, eine Kinderbibel und vielleicht NT 68 oder eine andere Übersetzung dabeihaben.

Zu Beginn dieser Unterrichtseinheit für das 3. bis 6. Schuljahr soll in einer einführenden Unterrichtsstunde das Vorwissen der Kinder erforscht werden. In der Regel wird sich ein interessantes Unterrichtsgespräch über die verschiedenen Bibeln und ihre Adressaten entwickeln. Eine allen bekannte Geschichte aus dem Neuen Testament soll in den verschiedenen Bibeln gesucht und vorgelesen werden. Spätestens jetzt werden der unterschiedliche Adressatenkreis und womöglich das Alter der Übersetzung (Lutherbibel) klar.

Gegebenenfalls kann jetzt ein Arbeitsblatt (siehe **M1**) in Einzel-, Partner- oder Gruppenarbeit bearbeitet werden, wo eine andere bekannte Geschichte aus dem Neuen Testament (z. B. Das verlorene Schaf Mt 18,12–14 oder Lk 15,1–7) aus verschiedenen Bibeln zitiert wird. Zu jedem Text beantworten die Schülerinnen und Schüler die Frage, an wen sich der Text richtet.

Zusätzlich sollten sich die Kinder die verschiedenen Fundstellen notieren:

- Lutherbibel
- NT 68
- Neukirchener Kinder-Bibel

Die beiden Arbeitsblätter können optional eingesetzt werden. In Klassen, die längere Unterrichtsgespräche gewohnt sind, kann auch das Vorlesen eines Beispiels genügen.

Außerdem ist zu empfehlen, dass die Lehrkraft am Ende der Stunde von allen Kinder die Fragen zum Thema auf Zetteln formulieren lässt, damit im Verlauf der Unterrichtseinheit auf die besondere Interessenlage der Klasse eingegangen werden kann.

Im Verlauf des weiteren Unterrichtsgesprächs wird bald die folgende Frage gestellt werden: „Welcher Text ist der richtige?“.

Damit verbunden sind die Fragen: „Wie ist die Bibel überhaupt entstanden?“ und „Was wollen

Bibelforscher herausfinden?", die in dieser Unterrichtseinheit beantwortet werden sollen.

Differenzierung

Insgesamt beziehen sich in dieser Unterrichtseinheit die Beispiele, die Entstehungsgeschichte (Kap. 2) usw. ausschließlich auf das Neue Testament.

Es geht darum, den Kindern exemplarisch wichtige Prinzipien der Bibel und bei der Überlieferung der Bibel zu verdeutlichen, eine Überfrachtung des Unterrichts soll so vermieden werden. Beispielsweise können der Zahlenstrahl (Kap. 2) oder die Bibel als Bibliothek (Kap. 3) bei Bedarf auch auf das Alte Testament ausgedehnt werden. Die beigefügten Materialien können analog zum Neuen Testament auf das Alte Testament übertragen werden. Im Verlauf des Unterrichts sollte die Lehrkraft an entsprechenden Stellen durchaus immer wieder auf das Alte Testament hinweisen.

M1 Verschiedene Bibeln

Aufgabe: Schreibe zu jedem Text
a) was dir auffällt und
b) an wen sich der Text richtet.

1. Was meint ihr? Wenn irgendein Mensch hundert Schafe hätte und eins unter ihnen sich verirrte: lässt er nicht die neunundneunzig auf den Bergen, geht hin und sucht das verirrte? Und wenn sich's begibt, dass er's findet, wahrlich, ich sage euch, er freut sich darüber mehr als über die neunundneunzig, die nicht verirrt sind. Also ist's auch bei eurem Vater im Himmel nicht der Wille, dass eins von diesen Kleinen verloren werde.

____

____

____

____

2. Wenn jemand hundert Schafe hätte und eines würde weglaufen und sich in der Wüste verirren, würde er dann nicht die neunundneunzig Schafe zurücklassen, um das verlorene zu suchen, bis er es wiedergefunden hätte? Und dann würde er es voller Freude auf seinen Schultern nach Hause tragen. Wieder daheim, würde er alle Freunde und Nachbarn zusammenrufen, damit sie sich mit ihm darüber freuen, dass er sein verlorenes Schaf wiedergefunden hat. Genauso ist im Himmel die Freude über einen verlorenen Sünder, der zu Gott zurückkehrt, größer als über neunundneunzig andere, die gerecht sind und gar nicht erst vom Weg abirrten!

____

____

____

____

3. Es war ein Hirte, der hatte hundert Schafe. Er kannte alle Schafe mit ihrem Namen. Und auch die Schafe kannten ihren Hirten und hörten auf seine Stimme. Jeden Tag zog der Hirte mit seinen Schafen auf die Weide. Der Weg war oft gefährlich. Er führte über seinige Berge und durch finstere Täler. Aber die Schafe blieben dicht bei dem Hirten. So konnten sich nicht verlaufen.

Aber eines Tages kam ein Schaf vom Weg ab und verirrte sich in den Bergen. Der Hirte merkte es erst am Abend, als er die Schafe zählte. Wie erschrak er: Er hatte keine hundert Schafe mehr – ein Schaf fehlte!

Da ließ der Hirte die 99 Schafe stehen und zog sofort los, um das verlorene Schaf zu suchen. Er ging immer weiter in die Nacht hinein. Er stieg über schroffe Felsen und durch tiefe Schluchten. Und immerzu rief er das Schaf mit Namen.

Auf einmal hörte er etwas, nur ganz schwach. War das nicht sein Schaf? Der Hirte lief schnell darauf zu. Und wirklich! Da lag das Schaf, das er verloren hatte. Er hatte es gefunden!

Wie froh war er nun! Er nahm das Tier behutsam auf seine Schultern und trug es voll Freude nach Hause.

Zu Hause aber holte der Hirte alle Freunde und Nachbarn herbei und rief fröhlich: „Freut euch mit mir! Denn ich hatte mein Schaf verloren. Doch seht: Ich habe es wieder gefunden!"

„Seht!" sagte Jesus zu den Menschen, die ihm zuhörten, „So freut sich Gott, wenn einer wieder heimfindet, der von ihm weggelaufen ist."

2. Wie das Neue Testament entstanden ist

Vorbemerkungen

Erste Schwierigkeit: Der große Zeitabstand zwischen Jesu Leben und heute

Kinder des 3. bis 6. Jahrganges haben noch keine genaue Vorstellung über Zeitabschnitte in der Vergangenheit. Auch aus diesem Grund beschränkt sich die vorliegende Einheit auf die Entstehungsgeschichte des Neuen Testamentes. An dieser Stelle genügt im Unterrichtsverlauf für die Kinder der Hinweis, dass das Alte Testament ebenso erst mündlich überliefert wurde, dann wurden einzelne Geschichten aufgeschrieben und redaktionell überarbeitet. Die Kinder wissen sicherlich, dass wir die Jahre so zählen ob diese vor oder nach der Geburt Christi liegen, wir uns heute also im Jahr 2012 nach Christi Geburt (2012 n. Chr.) befinden. Außerdem wissen sie aus dem Sachkundeunterricht, dass wir die Zeit vor ca. 1000 Jahren als „Mittelalter" bezeichnen. Leichter verständlich ist vermutlich noch, dass sich bei der Umrechnung des Kalenders im Mittelalter ein Fehler eingeschlichen hatte und Jesus somit ca. 6 oder 7 Jahre v. Chr. geboren wurde.

Zweite Schwierigkeit: Inhalt und Überlieferung des Neuen Testamentes

Auch hier geht es für Kinder der genannten Altersstufe um substantielles Wissen. Einzelheiten wie zum Beispiel die genaue Überlieferungstheorie bieten Stoff für die nächsten Schuljahre. Die Schülerinnen und Schüler sollen sich ein Grundlagenwissen aneignen, quasi ein Gerüst, auf das sie später immer wieder zurückgreifen können. Es gilt, sich auf Wesentliches zu beschränken, um den Überblick nicht zu verlieren. Zu viele Einzelheiten stiften Verwirrung. Auf die Zweiquellentheorie der synoptischen Evangelien wird zum Beispiel verzichtet.

Außerdem wird je nach vorangegangenem Religionsunterricht das Vorwissen durchaus unterschiedlich sein. Es ist mit sehr spärlichem Vorwissen und vielleicht sogar Halbwissen der Kinder zu rechnen, was zu Verwirrungen führen kann.

Sachwissen

Folgende Fakten zum Inhalt müssen die Kinder kennen.

Im Neuen Testament wird Folgendes beschrieben:

- Jesu Taten und Jesu Worte
- Verkündigung der Jünger und der Apostel
- Verbreitung des Christentums
- Leben der ersten Christen

Wortbedeutungen:

- Testament: lateinisch testamentum – Verfügung, Bund (testari – bezeugen, bekunden, versichern)
- Apostel: lateinisch apostolus – Abgesandter, Bote
- Redakteur: lateinisch redigere: überprüfen, bearbeiten
- Kanonisierung: griechisch kanon – Regel, Richtschnur, lateinisch ius canonicum – kanonisieren, in den Kanon, d. h. in das Verzeichnis (der Heiligen) aufnehmen
- Evangelium: griechisch euangelion – gute Botschaft (eu – gut; angelos: Bote – Engel)

Überlieferungsgeschichte:

1. Als erstes wurden Worte von Jesus und Geschichten von Jesus mündlich überliefert.
2. Dann wurden die Geschichten von verschiedenen Personen aufgeschrieben.
3. Redakteure, die wir Matthäus, Markus, Lukas und Johannes nennen, haben eine Lebensgeschichte von Jesus (Evangelium) zusammengestellt. Dabei haben sie die Geschichten und Sprüche, die sie kannten, in eine Reihenfolge gebracht.
4. Außerdem gibt es noch Reiseberichte eines Anhängers (Paulus), Briefe an Personen und Gemeinden und ein prophetisches Buch.
5. Erste Bischöfe (Kirchenväter) legen ab ca. 200 n. Chr. auf verschiedenen Treffen fest, welche Bücher zum Kanon des Neuen Testamentes gehören sollen. (363 n. Chr. wird auf dem

Konzil von Laodicea das Neue Testament in unserer heutigen Form festgelegt.)

Material

Schnur mit Perlen oder 2 Maßbänder (Baumarkt), folierte Pfeile (**M3**) und ggf. folierte Bilder, vergrößerte und folierte Tabelle mit folierten Einsätzen (**M2**), Arbeitsblatt Tabelle (**M2**), Arbeitsblatt (**M4**). Die Tabelle und die Perlenschnur mit Maßband und Pfeilen eignen sich als Freiarbeitsmaterial.

Unterrichtsplanung

Um überhaupt eine Vorstellung vom Zeitabstand bis zu Jesus zu erhalten, bietet sich eine Perlenkette an: Jedes Jahr wird durch eine Perle symbolisiert, wobei immer jedes 100. Jahr durch eine dickere oder farbige Perle markiert wird. An dieser Perlenschnur sollen durch Pfeile und Bilder nicht nur die Geburtsjahre von den Kindern und von der Lehrkraft markiert werden sondern auch im Unterricht bereits durchgenommene geschichtliche Ereignisse mit Bild angezeigt werden. Diese Ereignisse können beispielhaft die Erfindung der Dampfmaschine oder des Autos, das Entstehungsjahr einer Burg in der Nähe der Schule, das Baujahr des Schulgebäudes oder das Baujahr der größten Kirche in der Stadt sein. Auf diese Art und Weise soll allmählich ein Zeitgefühl bei den Kindern aufgebaut werden. Diese Geschichtskette wird im Laufe der Unterrichtseinheit immer wieder benutzt, um die Bibelübersetzung durch Martin Luther oder die Erfindung des Buchdruckes zu markieren. Auch im sonstigen Sachkundeunterricht oder Geschichtsunterrichts kann immer wieder ein Ereignis hinzugefügt werden.

Auf **M3** findet die Lehrkraft Pfeile mit Jahreszahlen und Pfeile mit den zugehörigen Begriffen, die beliebig zu erweitern sind. Für den vielfachen Einsatz besonders auch in der Freiarbeit empfiehlt sich das Folieren sowohl der Pfeile als auch der zugehörigen Bilder.

Die kleineren Pfeile mit den Jahreszahlen werden auf eine Seite der Kette gelegt, die größeren mit dem Text auf die andere Seite.

Je nach den individuellen Möglichkeiten bietet es sich an, die Texte durch Bilder zu ergänzen.

Wenn sich die Lehrkraft für einen Zeitstrahl als Perlenschnur entscheidet, kommen sowohl die Jahrespfeile als auch die Texte und die Bilder in eine Schachtel und werden ebenfalls zu den Freiarbeitsmaterialien gelegt.

Wer keine Perlenkette benutzen möchte, kann sich ebenso mit zwei Einmetermaßbändern aus dem Möbelmarkt behelfen und diese an die Tafel oder auf eine feste Pappe kleben. In diesem Fall wären die Millimeterstriche gleichzusetzen mit einem Jahr. Das Maßband könnte dauerhaft im Raum aufgehängt werden, wobei die Zahlenkette mit den Perlen immer wieder ausgelegt werden muss. Allerdings bietet das wiederholte Auslegen der Jahreskette einerseits Wiederholung für die Kinder als auch andererseits immer neuen Gesprächsanlass.

Die Kinder bekommen ein Ausschneideblatt und ein Arbeitsblatt als Tabelle zur Festigung des Gelernten. Die Tabelle hat 5 Zeilen (siehe **M2**) und 4 Spalten. Die Kinder schneiden die einzelnen Teile aus und kleben diese in die Tabelle.

Zu Demonstrationszwecken kann die Lehrkraft sich die Tabelle und das Ausschneideblatt auf DIN A3 vergrößern und folieren. Im Sitzkreis wird in einem Unterrichtsgespräch die Tabelle entwickelt. Diese bleibt als Kontrolle für die Kinder im Kreis liegen.

Anschließend wird die Tabelle mit zu den Freiarbeitsmaterialien für dieses Religionsthema gelegt, damit Kindern die Gelegenheit zur Wiederholung gegeben wird. (Kontrolle ist beim Legen in der Freiarbeit das eigene Arbeitsblatt der Kinder!)

Weiterarbeit

In der Vorrede zum Lukasevangelium (Lk 1,1–4) schreibt der Verfasser über seine Tätigkeit als Redakteur. Man vermutet, dass Lukas ein gebildeter Arzt war, der Paulus auf dessen Missionsreisen begleitete. Als Zusatzmaterial oder Hausaufgabe ist das Arbeitsblatt (siehe **M4**) geeignet.

M2a Die Überlieferung des Neuen Testaments (Arbeitsblatt)

Skizze	Jahreszahl (ca.)	Überschrift	Kontext

M2b Die Überlieferung des Neuen Testaments (Ausschneideblatt)

ab 30 n. Chr.

ab ca. 50 n. Chr.

ab ca. 70 n. Chr.

ab 50 bis 125 n. Chr.

ca. 300 n. Chr.

mündliche Überlieferung

schriftliche Überlieferung

Redaktion

Weitere Schriften

Kanonisierung (Sammlung)

Geschichten und Worte von Jesus werden erzählt.

Einzelne Schreiber schreiben diese Worte und Geschichten auf.

Die Evangelien entstehen.

Reisebericht, Briefe und eine Weissagung werden aufgeschrieben.

Kirchenväter legen fest, was zum NT gehören soll.

M3 Jahreszahlen

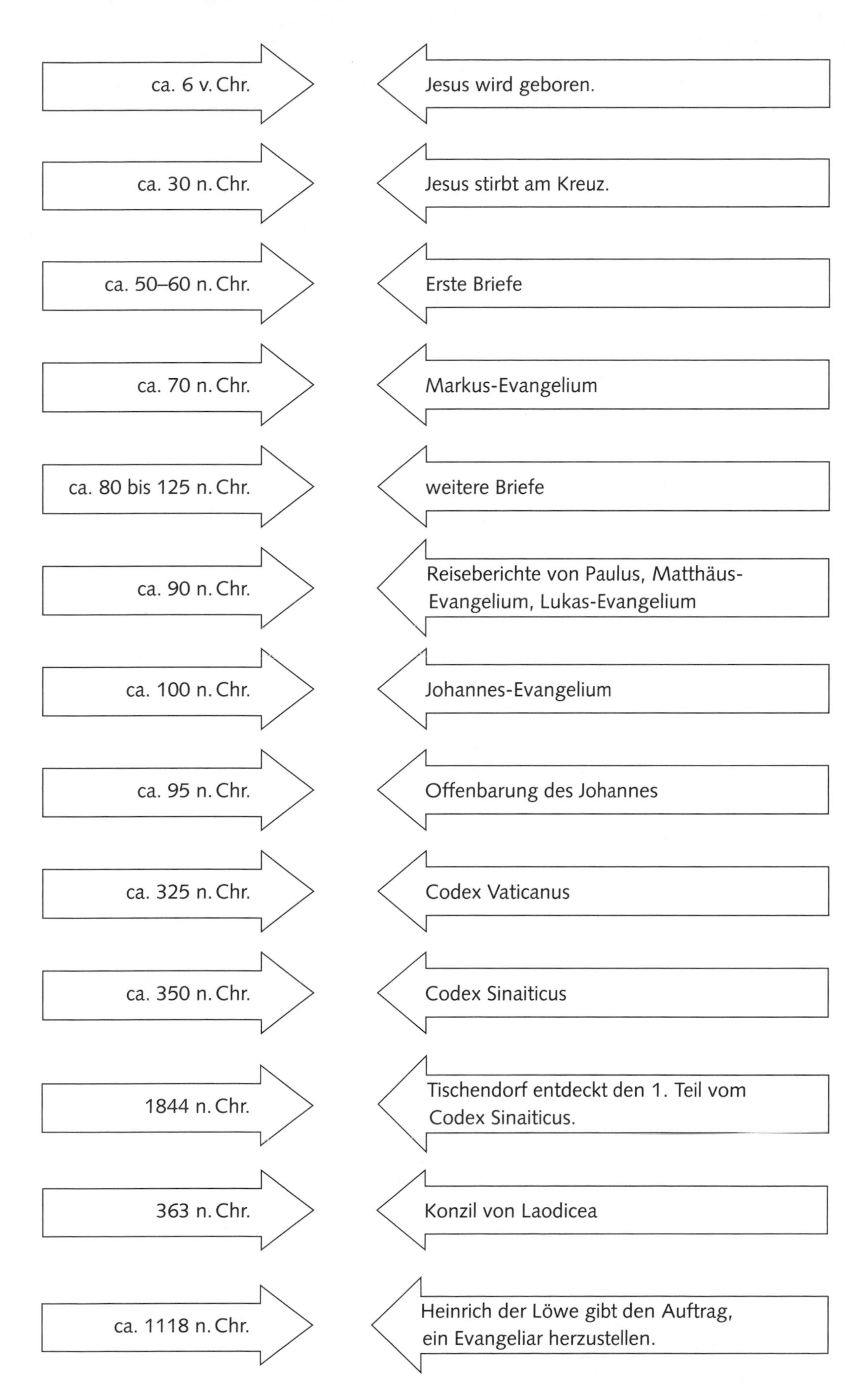

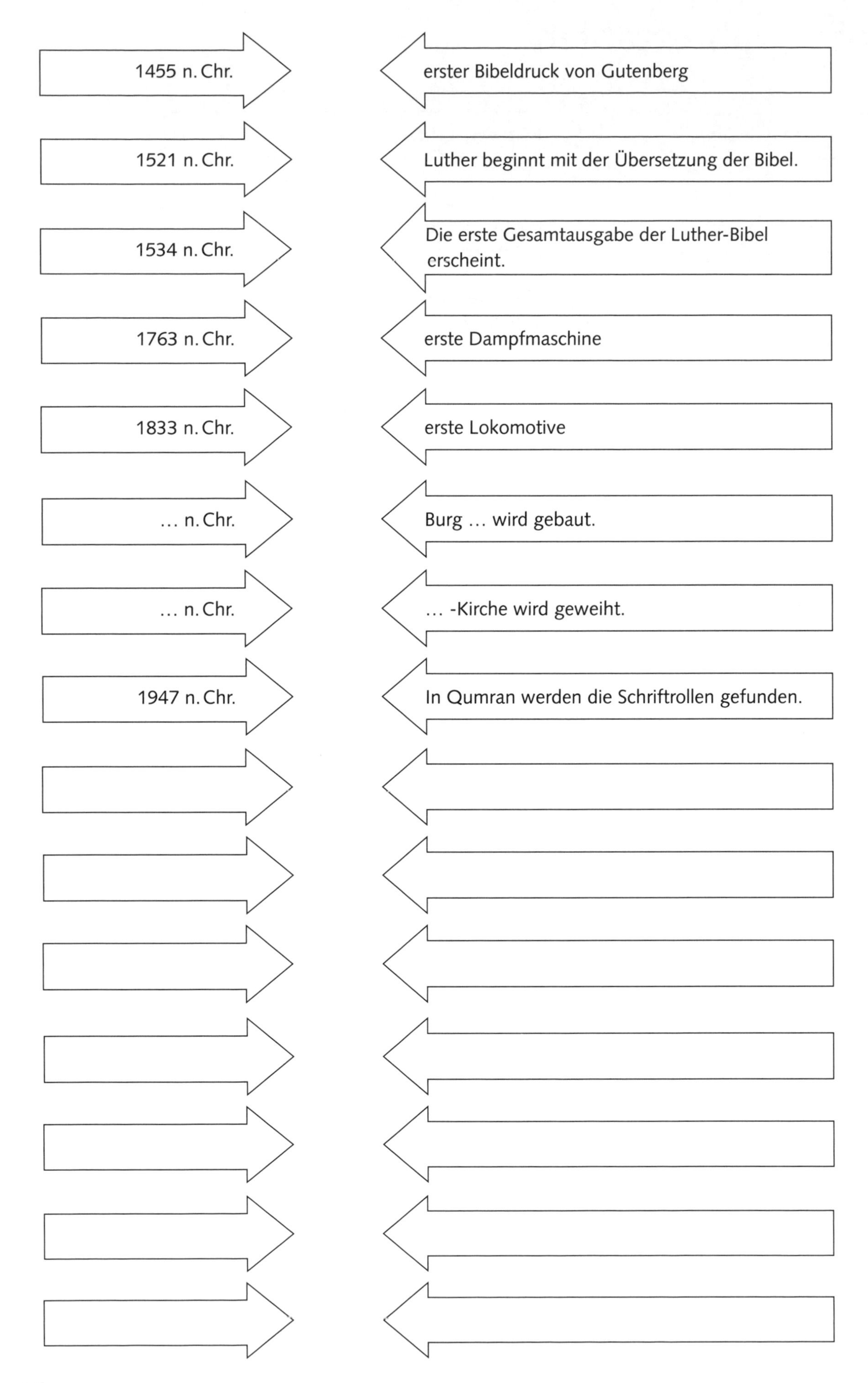
1455 n. Chr.
erster Bibeldruck von Gutenberg
1521 n. Chr.
Luther beginnt mit der Übersetzung der Bibel.
1534 n. Chr.
Die erste Gesamtausgabe der Luther-Bibel erscheint.
1763 n. Chr.
erste Dampfmaschine
1833 n. Chr.
erste Lokomotive
… n. Chr.
Burg … wird gebaut.
… n. Chr.
… -Kirche wird geweiht.
1947 n. Chr.
In Qumran werden die Schriftrollen gefunden.

M4

Der Anfang des Evangeliums nach Lukas (Lk 1,1–4)

[1] Viele haben es bereits vor mir unternommen, einen Bericht über die Geschehnisse zu verfassen, die unter uns zur Erfüllung gekommen sind, [2] wie es uns die überliefert haben, die von Anfang an Augenzeugen gewesen und zu Sachwaltern der Verkündigung geworden sind. [3] So habe nun auch ich mich dazu entschlossen, nachdem ich allem Geschehen von vorne an genau nachgegangen bin, es der Reihe nach für dich aufzuschreiben, verehrter Theophilus, [4] damit du erkennst, dass die Lehren, die du erhalten hast, sicher verbürgt sind.

1. Welches Material liegt Lukas vor?

____

____

____

____

2. Was tut Lukas damit?

____

____

____

____

3. Warum tut er das?

____

____

____

____

3. Die Bibel – eine Bibliothek

Vorbemerkungen

Anhand einer Bibel sehen die Kinder, dass sowohl das Alte Testament als auch das Neue Testament aus vielen verschiedenen Büchern besteht. Um eine Überfrachtung zu vermeiden, wird in diesem Teil der Unterrichtseinheit der Inhalt des Neuen Testamentes bearbeitet. In Klassen mit großem Vorwissen kann analog der Inhalt des Alte Testamentes durchgenommen werden.

Sachwissen

Bibel: griechisch biblos – Papyrusrolle; griechisch biblion – Buch; griechisch biblia – Bücher – Bibliothek

Altes Testament: Geschichten vom Volk Israel und seinem Gott, d. h. von den Menschen und Gott. Das Alte Testament wurde in hebräischer Sprache aufgeschrieben.

Neues Testament: Geschichten von Jesus und den ersten Christen. Das Neue Testament wurde in griechischer Sprache aufgeschrieben.

Orte, an deren Gemeinden Briefe geschrieben wurden:

- Korinth
- Galatien (Gebiet in der Türkei um Ankara)
- Ephesus
- Philippi
- Kolossä (Ort zwischen Tarsus und Ephesus)
- Thessalonich

Material

Regal „Neues Testament" auf DIN A2 vergrößert und foliert (**M5**), folierte Buchrücken mit Aufschrift des jeweiligen Buches (am besten handschriftlich), ggf. selbstklebende Magnetfolie, Inhaltsverzeichnis des Neuen Testamentes (**M6**), Arbeitsblatt Regal „Neues Testament" auf DIN A4 (**M5**), Wandkarte des Mittelmeerraumes, kopierte Karte vom Mittelmeerraum aus dem Atlas, Lutherbibeln und Arbeitsblatt (**M7**); Freiarbeitsmaterial: Regal DIN A2 mit Buchrücken (**M5**) und Kontrollblatt (**M6**)

Unterrichtsplanung

Zur Veranschaulichung wird das Regal mit der Überschrift: „Die Bücher des Neuen Testamentes" (siehe **M5**) auf DIN A2 kopiert und an die Tafel gehängt. Die Buchrücken werden ebenfalls vergrößert und foliert und an die Schülerinnen und Schüler verteilt. Anhand des Inhaltsverzeichnisses des Neuen Testamentes (Merkblatt für die Kinder **M6**) werden die Bücher dann von ihnen in der richtigen Reihenfolge einsortiert. Meistens sind in den Klassen magnetische Tafeln vorhanden. Da bietet es sich an, die folierten Buchstreifen mit Magnetfolie zu versehen.

Während dieses Unterrichtsgespräches werden die Kinder vermutlich neugierig auf verschiedene Briefe bzw. Reiseberichte werden. Die Lehrkraft kann hier bereits zukünftige Inhalte des Religionsunterrichts mit den Kindern verabreden, beispielsweise eine Einheit über die Reisen des Paulus.

Das Arbeitsblatt für die Kinder zeigt das Regal mit Büchern im Querformat. Im DIN A 4-Format können die Schülerinnen und Schüler die Abkürzungen der einzelnen Bücher eintragen, im DIN A 3-Format ist das Eintragen der vollständigen Titel möglich. Hier bietet sich für die Lehrkraft die Möglichkeit zur Differenzierung.

Zusätzlich wird eine Landkarte des Mittelmeerraumes in der Klasse aufgehängt. An dieser Karte zeigt die Lehrperson die Orte der Gemeinden, an die die Briefe gerichtet sind. Die Kinder markieren in der anschließenden Stillarbeitsphase auf einer kopierten Karte aus dem Atlas diese Orte farbig. Außerdem sollte die Einteilung der Bibeltexte in Kapitel und Verse erklärt werden. Anhand der in der Schule vorhandenen Bibeln schlagen die Kinder verschiedene Stellen auf, was ihnen in der Regel viel Spaß bereitet. Das angefügte Arbeitsblatt (siehe **M7**) bezieht sich auf die Luther-Bibel.

M5 Die Bücher des Neuen Testamentes

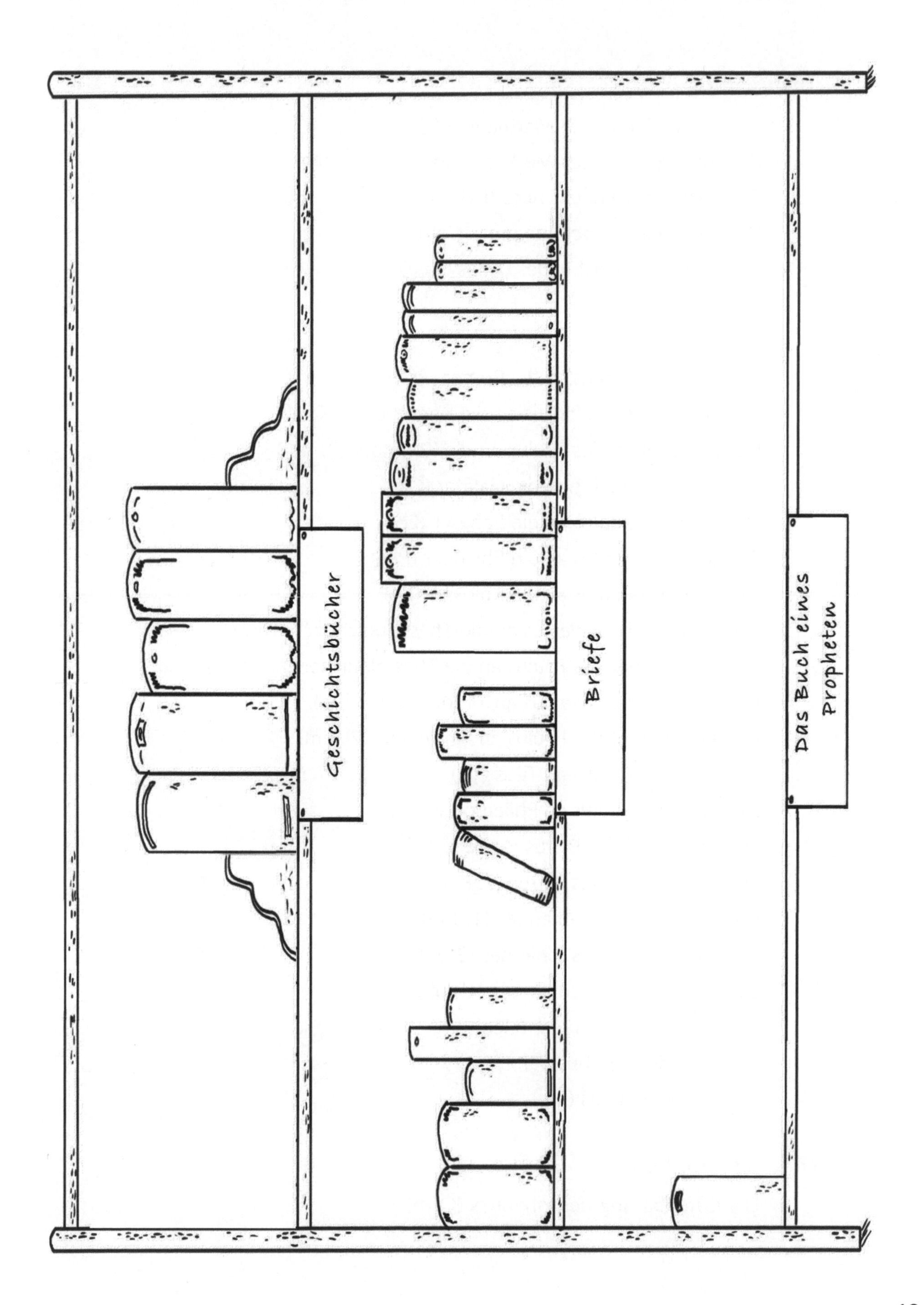

M6 Die Bücher des Neuen Testamentes

Geschichtsbücher

Das Evangelium nach Matthäus (Mt)
Das Evangelium nach Markus (Mk)
Das Evangelium nach Lukas (Lk)
Das Evangelium nach Johannes (Joh)
Die Apostelgeschichte des Lukas (Apg)

Briefe

Der Brief des Paulus an die Römer (Röm)
Der erste Brief des Paulus an die Korinther (1. Kor)
Der zweite Brief des Paulus an die Korinther (2. Kor)
Der Brief des Paulus an die Galater (Gal)
Der Brief des Paulus an die Epheser (Eph)
Der Brief des Paulus an die Philipper (Phil)
Der Brief des Paulus an die Kolosser (Kol)
Der erste Brief des Paulus an die Thessalonicher (1. Thess)
Der zweite Brief des Paulus an die Thessalonicher (2. Thess)
Der erste Brief des Paulus an Timotheus (1. Tim)
Der zweite Brief des Paulus an Timotheus (2. Tim)
Der Brief des Paulus an Titus (Tit)
Der Brief des Paulus an Philemon (Phlm)
Der erste Brief des Petrus (1. Petr)
Der zweite Brief des Petrus (2. Petr)
Der erste Brief des Johannes (1. Joh)
Der zweite Brief des Johannes (2. Joh)
Der dritte Brief des Johannes (3. Joh)
Der Brief an die Hebräer (Hebr)
Der Brief des Jakobus (Jak)
Der Brief des Judas (Jud)

Das Buch eines Propheten

Die Offenbarung des Johannes (Offb)

M7 Bibelstellen in der Luther-Bibel

Röm 12,9, erstes Wort: ______________

Hebr 13,25, zweites Wort: ______________

Eph 5,17, drittletztes Wort: ______________

Apg 9,42, letztes Wort: ______________

Lk 4,1, erstes Wort: ______________

Offb 20,4, drittletztes Wort: ______________

Jud 1,25, sechstes Wort: ______________

Mk 4,36, zehntes Wort: ______________

Luk 21,18, fünftes Wort: ______________

2. Tim 4,22, sechstes Wort: ______________

Schreibe auf: Phil 4, 23:

____

____

____

4. Geheimnisvolle Schriftfunde

Vorbemerkungen

In diesem Baustein lernen die Schülerinnen und Schüler zunächst die antiken Schreibmaterialien und Buchformen kennen. Grundwissen wird erarbeitet. Im Anschluss wird die spannende Geschichte des Auffindens des Codex Sinaiticus erzählt, um die Bedeutung dieser alten Handschrift zur Überlieferung des Neuen Testaments zu veranschaulichen. Gerade hierzu fehlt den Kindern in der Regel jegliches Wissen. Anhand der Erzählung der Geschichte von Tischendorf erfahren sie zudem, dass die Arbeit der Bibelwissenschaftler nicht langweilig sein muss.

Sachwissen

Die Bibel ist das bestüberlieferte Buch des Altertums. Bibelforscher suchen möglichst alte Bibelabschriften, um dem Urtext möglichst nahe zu kommen. Forscher haben viele Bibelabschriften verglichen und konnten feststellen, dass die Bibel das bestüberlieferte Buch des Altertums ist. Anfangs wurde das Neue Testament oder Teile des Neuen Testamentes auf Papyrus abgeschrieben, später auf Pergament. Von Papyrusschriften sind heute nur einige wenige einzelne Bruchstücke erhalten.

Die Auffindung des Codex Sinaiticus durch Constantin Tischendorf stellt einen Meilenstein in der Textforschung des Neuen Testamentes dar.

Material

Wort- und Bildkarten (**M8**) foliert, Wort- oder Bildkarten kopiert als Arbeitsblätter, ggf. Papier, Stäbe und griechisches Alphabet, gebügelte Strohhalme und Tapetenkleister, Erzählvorlage zu Tischendorf, Wandkarte des Vorderen Orients und Foto des Katharinenklosters, Rätsel (**M9**); Freiarbeitsmaterial: Wort- und Bildkarten (**M8**)

Unterrichtsplanung

Im Sitzkreis werden die Begriffe erklärt und die Wort- und Bildkarten (siehe **M8**) gelegt.

Differenzierung

In der Festigungsphase kann die Lehrkraft differenzieren:

Die Kinder erhalten Arbeitsblätter mit den Abbildungen und schreiben Überschrift und Text. (Die Bildkarten werden kopiert.)

Die Kinder erhalten Arbeitsblätter mit dem Text und schreiben nur die Überschriften und malen jeweils zum Text. (Die Textkarten werden kopiert.)

Die folierten Wort- und Bildkarten kommen am Ende in einen Kasten und werden zu den Freiarbeitsmaterialien gelegt.

Weiterarbeit

1. Je nach vorhandener Zeit, bietet es sich an, eine Schriftrolle herzustellen und mit alten Materialien zu schreiben.

➪ **Tipp:** Eine gute Anleitung zum Herstellen von Schreibfedern und Tinte findet sich in dem Ausstellungsbuch „Löwenstarke Geschichten" (Literaturverzeichnis).

Die Schriftrolle könnte mit griechischen Buchstaben (eigenen Namen oder einen Satz mit griechischen Buchstaben schreiben) gestaltet werden.

Um mit den Kindern einen Beschreibstoff herzustellen, der Papyrus ähnelt, kann man Strohhalme wie für das Basteln von Strohsternen vorbereiten (spalten, einweichen, bügeln). Im Unterricht werden dann zwei Lagen zueinander quer mit festem Tapetenkleister verklebt und gepresst.

2. Wer mag, kann eine Papyruspflanze im Blumenmarkt kaufen.

Die spannende Geschichte der beiden Reisen von Tischendorf wird als Lehrererzählung die Kinder fesseln. Eine ausführliche Erzählvorlage befindet sich bei Wegener, eine Kurzfassung bei Konukiewitz (Literaturverzeichnis!). Zur Lehrerinformation gibt es drei interessante Neuerscheinungen von Böttrich, Gottschlich und Parker (Literaturverzeichnis!) zum Thema, wobei aus den Büchern von Gottschlich und Böttrich ebenfalls im Unterricht gelesen werden kann. Gottschlich zitiert oft Tischendorf selbst mit dessen Tagebuchauszügen, was beim Vorlesen authentisch wirkt.

Außerdem ist auf einer Internetseite (www.codexsinaiticus.org) der gesamte Codex mit Zusatzinformationen zu finden.

Auf einer Karte des Vorderen Orients (aus der letzten Teileinheit wo die Orte der Paulusbriefe gesucht worden sind) wird das Katharinenkloster auf dem Sinai gezeigt. Fotos dieses Klosters finden sich in praktisch allen Reiseprospekten von Ägypten oder im Internet.

Je nach Klassensituation kann im Unterricht unterschiedlich mit der Lehrererzählung verfahren werden:

- Einzelne Szenen werden nachgespielt.
- Die Kinder schreiben Zusammenfassungen in Form von Briefen an die Ehefrau von Tischendorf.
- In Gruppenarbeit wird in Arbeitsteilung eine Art Comic gezeichnet. Dabei könnten die Bilder als Schriftrolle aneinander geklebt werden. Hierzu könnten auch Stunden des Kunstunterrichtes genutzt werden.

Den Abschluss dieses Unterrichtsteils bildet ein zusammenfassendes Rätsel (siehe **M9**) zu den Schreibmaterialien, das als Wiederholung oder Hausaufgabe genutzt werden kann.

Lösung vom Rätselblatt M9

1. TINTE
2. SINAI
3. PAPYRUS
4. CODEX
5. GRIECHISCH
6. PINSEL
7. PERGAMENT
8. FEDER
9. SCHRIFTROLLE
10. MARK
11. FARBE

Lösungswort: TISCHENDORF

M8a Wortkarten

Papyrus

Vor 2000 Jahren wurde auf Papyrus geschrieben. Papyrus ist eine Schilfart, die an sumpfigen Ufern wächst. Besonders häufig ist Papyrus am Nil anzutreffen. Das Schilf wird bis zu 6 Metern hoch. Die dreikantigen, mehrere Zentimeter dicken Stängel enthalten ein gelbliches Mark. Dieses Mark schälte man aus seiner Hülle heraus und schnitt es in dünne Streifen. Diese Streifen legte man eng nebeneinander, eine zweite Schicht quer darüber. Dann wurden die Bögen gepresst, geglättet und mit einer kalkhaltigen Flüssigkeit getränkt. Man klebte mehrere Blätter zusammen und verkaufte dieses „Papier" als Rolle.

Pergament

Später wurde Leder zum Beschreiben benutzt. Die Haare wurden abgeschabt, und die schöne glatte Fläche wurde als Schreibblatt verwendet. Man nannte dieses Schreibmaterial „Pergament", weil es anfangs vor allem in Pergamon (Kleinasien) hergestellt wurde. Es war haltbarer als Papyrus und konnte mehrfach benutzt werden, wenn man das Geschriebene mit Bimsstein ausradierte. Mehrere Lederbahnen wurden zur Buchrolle aneinander genäht.
Erst im Mittelalter setzte sich allmählich Papier als Schreibunterlage durch.

Schriftrolle

War eine Geschichte viele Pergamentblätter lang, so heftete man die Blätter nicht hintereinander, sondern nähte sie nebeneinander. So entstand ein Band, das links nach rechts auf einer Rolle aufgerollt werden konnte. Wollte man lesen, musste man den Text von einer Rolle auf die andere ziehen. Papyrusblätter klebte man aneinander. Um die Schriftrollen vor Feuchtigkeit zu schützen, wickelte man sie oft in Tücher und verpackte sie in Tonkrüge.

Codex

Erst in den frühen Christengemeinden kam das Buch (Codex) auf. Die Blätter konnten jetzt auf beiden Seiten beschrieben werden. Außerdem findet man bestimmte Stellen durch Blättern schneller wieder als durch Rollen.

Pinsel/Griffel

Pinsel wurden aus Tierhaaren hergestellt. Geschrieben wurde meist mit einer Schreibfeder (Griffel). Dazu wurde meist eine Gänsefeder in besonderer Form angeschnitten.

Tinte/Farben

Tinte stellte man z. B. aus Ruß her, manchmal auch aus dem Saft der Dornen von bestimmten Sträuchern oder aus Galläpfeln.

Besonders im Mittelalter wurden die Handschriften mit Bildern und Ornamenten vielfarbig verziert. Farben gewann man aus dem Saft bestimmter Tiere (Purpurschnecke) oder aus bestimmten Pflanzen. Auch bestimmte farbige Steine wurden gemahlen und mit Öl vermischt als Farbe benutzt.

M8b Bildkarten

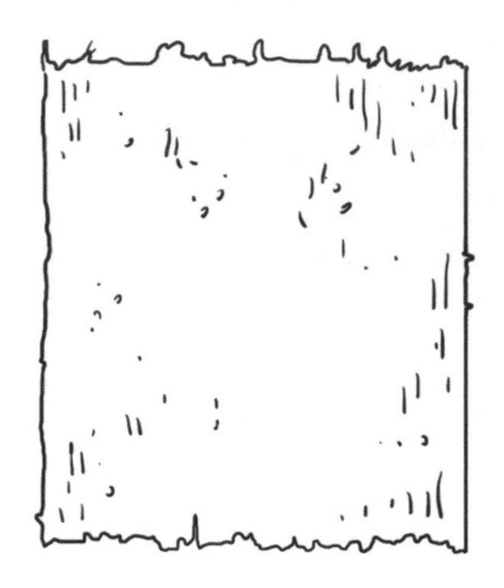

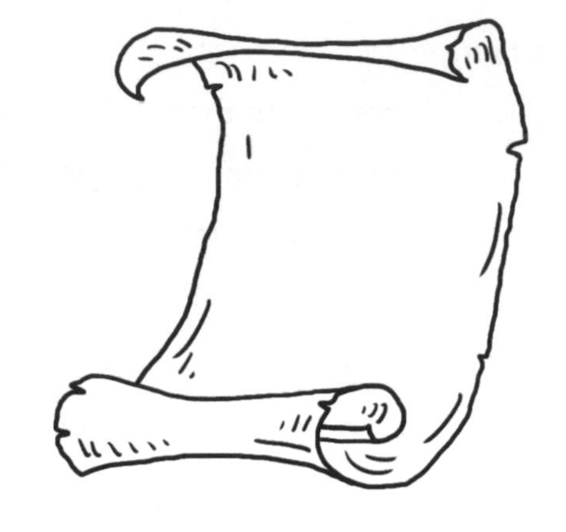

M9 Rätsel

1. 2. 3. 4. 5. 6. 7. 8. 9. 10. 11.

Das stark umrandete Feld ergibt – von oben nach unten gelesen – den Nachnamen eines Bibelforschers.

1. Was wurde aus Ruß (vermischt mit Wasser und Klebstoff) hergestellt?
2. Ein Bibelforscher fand in einem Kloster eine alte Handschrift. Wie heißt der Berg, in dessen Nähe das Kloster liegt? (Der Name des Berges ist auch der Name der ganzen Halbinsel.)
3. Wie heißt der alte Beschreibstoff, der aus einer Schilfart hergestellt wurde?
4. Wie nennt man ein einfaches Buch, wo die Blätter zusammengeheftet sind?
5. In welcher Sprache wurde das Neue Testament zuerst aufgeschrieben?
6. Gesucht ist ein Schreib- und Malwerkzeug, das aus Tierhaaren hergestellt wurde (und auch heute noch so hergestellt wird).
7. Welcher Beschreibstoff wird aus Leder hergestellt?
8. Mit welchem Schreibwerkzeug wurde meistens geschrieben?
9. Einzelne Blätter wurden zu einer … zusammengeklebt oder zusammengenäht.
10. Aus welchem Teil des Schilfes genau wurde ein Beschreibstoff hergestellt?
11. Was wurde beispielsweise aus Pflanzensaft hergestellt?

5. Stationenarbeit: Die Arbeit der Bibelforscher

Vorbemerkungen

Die Schüler haben sich bis jetzt ein gutes Vorwissen vorwiegend im Unterrichtsgespräch und in Einzelarbeit zur Festigung angeeignet. Nun sollen sie selbst als Bibelforscher tätig werden. Dazu bietet sich eine Stationenarbeit an. Für die Lehrperson ergibt sich der Vorteil, in Ruhe die Kinder bei der Arbeit beobachten zu können. Allerdings muss sie vor dem Unterricht Material kopieren und folieren und die Stationen aufbauen. Die Kinder selbst können Reihenfolge, Arbeitstempo und Arbeitspartner selbst bestimmen.

Material

Laufzettel (**M10**), Infoblatt „Palimpsest" (**M11**) foliert, Arbeitsblatt „Palimpsest" (**M12**), Infoblatt „P52" (**M13**) foliert und 3 folierte Puzzleteile mit Legeblatt (**M14** kopiert auf A3), Arbeitsblatt „Puzzle" (**M14**), Zuordnungsspiel „Handschriften" foliert mit Kontrollblatt (**M15**).

Unterrichtsplanung

Die Stationen werden in Kleingruppen- oder Partnerarbeit erarbeitet. Dabei kommt es nicht auf die Reihenfolge der zu bearbeitenden Stationen an, es müssen alle Stationen bearbeitet werden. Der Laufzettel (siehe **M10**) dient als Kontrollblatt.

Zur mehrfachen Verwendung bietet es sich an, alle Materialien zu folieren und in beschrifteten Schachteln aufzubewahren, besonders die Puzzleteile.

Station 1: Palimpsest

Station 1 zeigt eine Abbildung des Palimpsestes. Der Bibelforscher Tischendorf hat zum ersten Mal verschiedene Palimpseste entziffert. Zur Abbildung gehört ein Informationstext (siehe **M11**). Anschließend wird ein Arbeitsblatt (siehe **M12**) bearbeitet.

Station 2: Puzzle

Sechs (oder mehr) Puzzleteile sollen zu einem Text zusammengefügt werden.

Zur Herstellung des Puzzles kann ein handgeschriebener Text aus dem Neuen Testament, eine vergrößerte Kopie aus dem Neuen Testament oder eine Seite aus dem Codex Sinaiticus (www.codexsinaiticus.org) gewählt und so schnell eine Vorlage erstellt werden.

Station 3: Puzzleteil und Text

Zur Einführung gibt es einen Informationstext (siehe **M13**) mit einem Bild vom Papyrus 52. Dann sollen drei Puzzleteile auf zwei kopierte Seiten aus dem Neuen Testament passgenau aufgelegt werden. Entweder werden die Vorschläge von **M14** mit der zugehörigen Textstelle benutzt oder Puzzleteile aus anderen, den Kindern bekannten Bibelgeschichten ausgeschnitten.

Das Arbeitsblatt (siehe **M14**) kann vergrößert, ausgeschnitten und foliert als Handlungsmaterial bereitgestellt werden.

Station 4: Das Alter einer Handschrift bestimmen

Fünf verschiedene Handschriften (siehe **M15**) sollen Personen zugeordnet werden (mit Selbstkontrolle auf der Rückseite oder als Kontrollzettel). Verschieden alte Personen (Kind, Mutter, Oma, Uroma und Ururoma) wurden gebeten, einen Satz aus dem Neuen Testament abzuschreiben.

Für Kinder ist hier sicher interessant, dass eine Person, die längst verstorben ist, noch in alter deutscher Schrift geschrieben hat.

M10 Stationenarbeit zur Arbeit der Bibelforscher

Kreuze an, was du erledigt hast.

Station 1: Palimpsest
bearbeitet ☐
Arbeitsblatt ☐

Station 2: Puzzle
bearbeitet ☐

Station 3: Puzzleteil und Text
bearbeitet ☐
Arbeitsblatt ☐

Station 4: Das Alter einer Handschrift bestimmen
bearbeitet ☐
Arbeitsblatt ☐

Welche Station hat dir am meisten Spaß gemacht? Begründe!

____

____

____

____

Hast du noch eine Frage zum Thema? Wenn ja, schreibe sie hier auf!

____

____

____

____

M11 Station 1: Infoblatt Palimpsest

Eine Handschrift unter der Handschrift

Pergament als Schreibgrund war so teuer, dass es oft mehrmals verwendet wurde. Die erste Schrift wurde mit einem Bimsstein abgeschabt, dann wurde das Pergament neu beschrieben. (Palimpsest heißt übersetzt: wieder abgeschabt!) Bibelforscher interessieren sich für die untere Schrift – warum wohl? Die Abbildung zeigt ein Palimpsest, das in griechischer Schrift geschrieben ist.

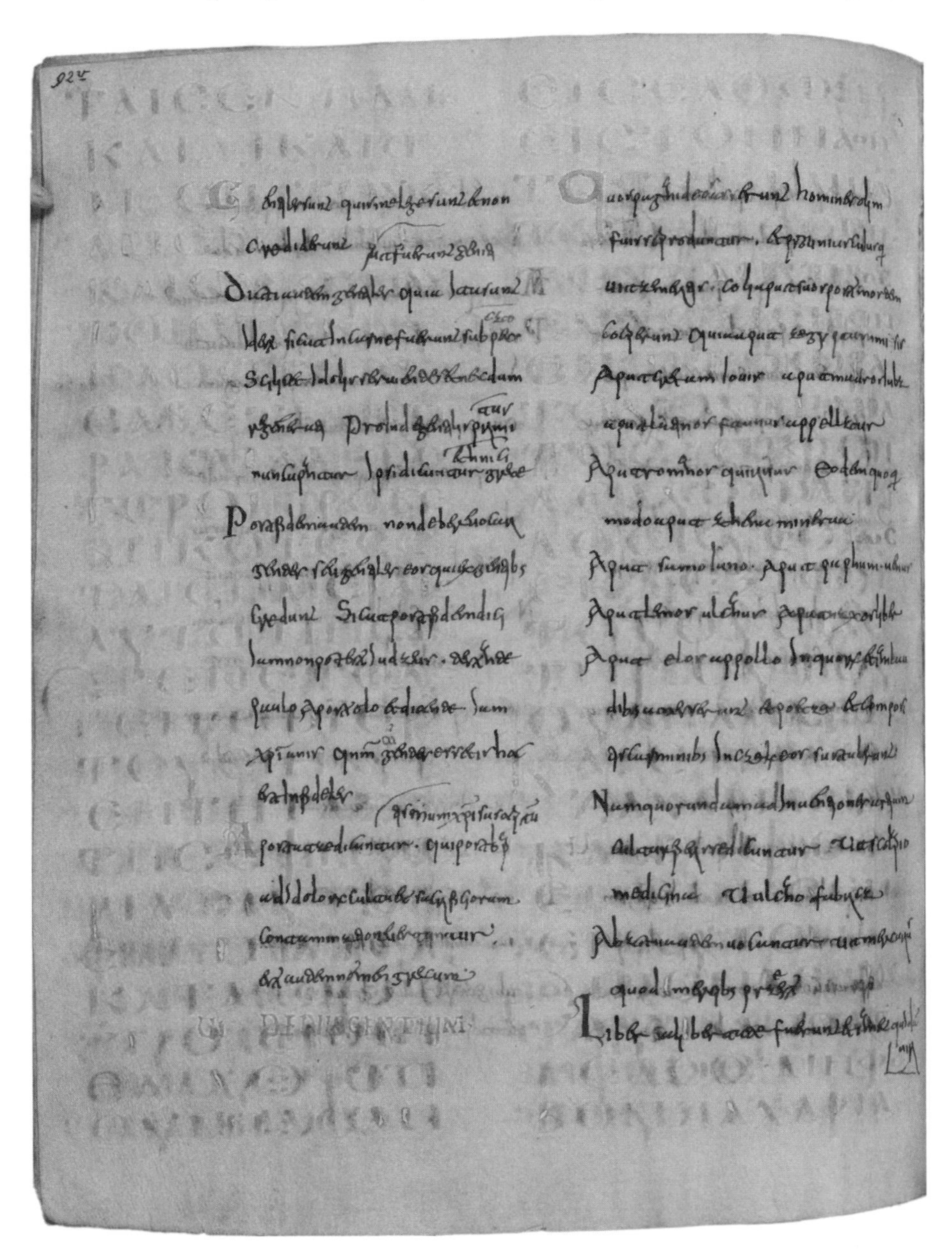

Codex Guelferbytanus B

M12 Station 1: Arbeitsblatt Palimpsest

Ein Palimpsest ist ein

____

____

____

Bibelforscher interessieren sich für die untere Schrift, weil

____

____

____

Hier ist ein Palimpsest in unserer Schrift und Sprache nachgemacht. Könnt ihr einige Wörter der unteren Schrift entziffern? Schreibt diese auf die Rückseite oder ein Extrablatt.

M13 Station 3: Puzzleteil und Text

Hier seht ihr ein erhalten gebliebenes Stück der ältesten uns bekannten Abschrift des Neuen Testamentes, den Papyrus P 52. Jemand hat auf der Vorderseite einen Abschnitt aus dem Johannesevangelium abgeschrieben, auf der Rückseite ist ein Abschnitt aus der Ostergeschichte zu lesen.
In welcher Sprache ist dieser Text wohl geschrieben?

M14 Arbeitsblatt P52

Bibelpuzzle

Hier siehst du 3 Puzzleteile von verschiedenen Geschichten aus der Bibel, die ihr kennt. Welche 3 Geschichten sind es? (Schreibe die Überschriften auf!)

ierbei.
seiner Frau,
onnen und n Frauen
Arche hinein
Gott schloß di ir hinter ihm zu.

ieben Tagen erschwand die Sonne
den Wolken.
mel wurde ganz schwarz.
al brach der Regen los.
te. Es goß.
ir nicht mehr auf.
traten über die Ufer.
wemmten das Land.
rtranken.
Land unter Wasser.

römen.
und höher,

Da
En
aus
Al
n

e Täler.
blieben
nt bei dem ten.
o konnten s h nicht verlaufen.

Aber eines s
kam ein S vom Weg ab
und verirrte sich in den Bergen.
Der Hirte merkte es erst am Abend,
er die Schafe zählte.
erschrak er:
tte keine hundert Schafe mehr
Schaf fehlte!

Hirte
ehen
los,
ne Schaf zu suche
weiter

Felsen
hten

___

___

Wei
und
Dan
setz
und
„J

nd
ete auf Jes
ete nicht auf Leute,
ihn zeigten
er ihn lachte
nur auf die Straße,
Jesus kommen sollte.

esus.
radewegs auf den Baum zu,
chäus saß.
er sogar stehen,
Baum!

sein

___

___

___

___

M15 Station 4: Das Alter einer Handschrift bestimmen

Wer hat es geschrieben? Hier seht ihr 5 Schriftproben. Eine Probe stammt von Lisa, eine von Lisas Mutter, eine von Lisas Oma, eine von Lisas Uroma und eine von Lisas Ururoma. Ordnet zu und kontrolliert mit den Rückseiten!

(1)
Bittet, so wird euch gegeben;
suchet, so werdet ihr finden;
klopfet an, so wird euch aufgetan

(2)
Bittet, so wird euch gegeben;
suchet, so werdet ihr finden;
klopft an, so wird euch aufgetan.

(3)
Bittet, so wird euch gegeben;
suchet, so werdet ihr finden;
klopfet an, so wird euch aufgetan.

(4)
Bittet, so wird euch gegeben;
suchet, so werdet ihr finden;
Klopfet an, so wird euch aufgetan!

(5)
Bittet, so wird euch gegeben;
suchet, so werdet ihr finden;
Klopfet an, so wird euch aufgetan.

Lösung:

1 – Lisas Ururoma (geb. 1892)

2 – Lisas (geb. 2004)

3 – Lisas Oma (geb. 1955)

4 – Lisas Uroma (geb. 1922)

5 – Lisas Mama (geb. 1976)

Aufgabe:

Lisa (geb. 2004)

Lisas Mama (geb. 1976)

Lisas Oma (geb. 1955)

Lisas Uroma (geb. 1922)

Lisas Ururoma (geb. 1892)

Rechnet aus, wie alt die ersten vier Personen heute sind, und wie alt die Ururoma wäre.

Lisa ist heute ______________________________

Lisas Mama ist heute ______________________________

Lisas Oma ist heute ______________________________

Lisas Uroma ist heute ______________________________

Lisas Ururoma wäre heute ______________________________

6. Legespiel: mittelalterliche Bibeln

Vorbemerkungen

Nach der selbstständigen Arbeit im 5. Abschnitt wird hier den Kindern ähnlich wie im 4. Abschnitt Grundwissen über mittelalterliche Bibeln vermittelt. In vielen Ausstellungen in Museen, Kirchen und Bibliotheken begegnen den Schülern diese Handschriften. Wegen ihrer Farbigkeit und Zeichenkunst rufen die Handschriften beim Betrachter immer wieder Erstaunen hervor. Unter Umständen bietet sich eine Kooperation mit dem Geschichtsunterricht an.

Material

Bild und Textkarten (**M16**) und kopierte Bildkarten als Arbeitsblätter sowie kopierte Textkarten als Abschreibvorlage; Arbeitsblatt „Lückentext" (**M17**); Freiarbeitsmaterial: Bild- und Textkarten (mit Kontrollziffern auf der Rückseite)

Unterrichtsplanung

Anhand eines Zuordnungsspieles lernen die Kinder Fachausdrücke und Besonderheiten der mittelalterlichen Bibelabschriften. Zu jedem der fünf Farbbilder gibt es eine Überschrift und einen kurzen Text (siehe **M16**). Die Texte werden vorgelesen und besprochen; besonders erklärt wird der Begriff „die Armen im Geist". Anschließend erhalten die Kinder ein Arbeitsblatt mit einer Schwarz-Weiß-Abbildung, d. h. mit einer Kopie des besprochenen Bildes. Sie müssen jeweils die Überschrift notieren und den zugehörigen Text (jeweils mehrfach kopieren!) auf die Rückseite oder auf ein Extrablatt schreiben. Es ist auch möglich, die Bilder kleiner zu kopieren, damit die Kinder sie zum abgeschriebenen Text auf Blätter in ihrer Lineatur kleben können.

➪ **Tipp:** Erweiterung: Bild 6: Widmungsbild (z. B. Widmungsbild aus dem Evangeliar Heinrichs des Löwen).

Differenzierung

Jüngere oder ungeübte Kinder schreiben nur jeweils den ersten Absatz ab. Die Arbeitsblätter können bunt angemalt werden. Lehrkräfte, die parallel das Alte Testament bearbeiten, können hier noch die Entdeckung der Tonkrüge von Qumran bearbeiten. Passende Vorlagen für Lehrererzählungen finden sich in den beiden bei Tischendorf angegebenen Fundsstellen.

Weiterarbeit

Fächerübergreifende Zusatzaufgabe mit dem Fach Kunst: Seinen eigenen Initialen kunstvoll gestalten.

Ein Lückentext (siehe **M17**) soll als Zusammenfassung dienen.

Differenzierung:
Bei guten Schülerinnen und Schülern können auf dem Arbeitsblatt die Lösungswörter weggelassen werden (beim Kopieren abdecken).

M16 Legespiel: Überschriften und Texte (Ausschneideblatt)

Überschriften

Initialen *Schreiber* *Pergament*

Bucheinbände *Bilderbibeln*

Texte

Die Schreiber waren richtige Künstler. Oft schmückten sie die Handschriften mit kunstvollen Anfangsbuchstaben auf jeder Seite, den Initialen. (lateinisch initium = Anfang)
Manchmal schmückten sie die Seiten auch noch mit Zierleisten und Ornamenten. (lateinisch ornamentum = Schmuck)

Im Mittelalter wurde meist auf Pergament geschrieben, das ist gegerbtes und fein aufgespaltenes Leder. Gold und purpurrot waren damals die teuersten Farben. Neu gewählte Kaiser und Könige legten auf kostbaren Bibeln den Amtseid ab.

Für reiche Herren (Könige, Herzöge, Fürsten), die meist nicht lesen konnten, wurden Bilderbibeln angefertigt. Die Bilder lassen den Sinn einer biblischen Geschichte erraten. Diese Bildbände werden „Armenbibeln" genannt, weil sie für die „Armen im Geist" bestimmt waren. Bilderbibeln sind besonders kostbar.

Mönche schrieben in ihren Schreibstuben im Kloster die Bibel oder Teile aus der Bibel ab.
Im Gottesdienst wurde daraus vorgelesen. Reiche Herren bestellten oft bei den Mönchen für sich selbst eine Bibel oder einen Bibelteil.

Nicht nur die Schriften wurden prachtvoll ausgestaltet, sondern auch für die Bucheinbände war das Kostbarste gerade gut genug. Oft wurden Gold und Edelsteine für die Buchdeckel verarbeitet.

M16a

in ore meo: et i medio multo
rum laudabo eum Qui asti
tit adextris paupis: ut saluã
faceret apsequentibus ani
mam meam :-

Dixit dominus domino meo:
sede adextris meis Donec
ponam inimicos tuos: sca
bellum pedum tuorũ

M16b

M16c

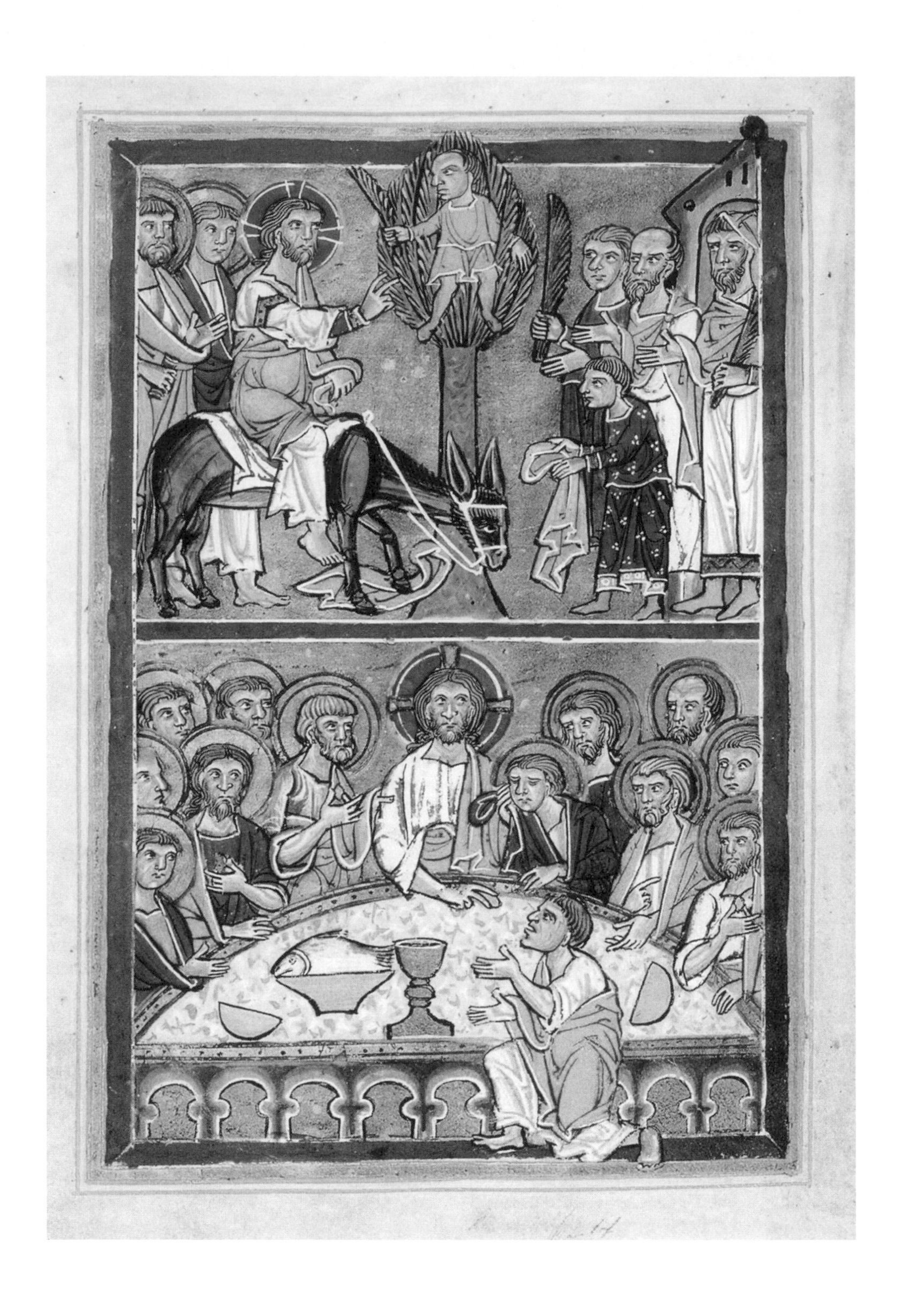

M16d

M16e

M17

Wissenschaftler erforschen das Neue Testament

Das Alter einer ____________________ können Forscher an der Art der Schrift erkennen. Durch einen ____________________ mit datierten Texten können Bibelforscher leicht das Alter der unbekannten Schrift bestimmen. Auch den Inhalt des Neuen Testamentes kennen die Forscher gut. Sie haben auf verschiedenen ______________________________ schnell die richtige Textstelle erkannt. Das Neue Testament wurde zuerst in ____________________________ Sprache aufgeschrieben. Bis zum 14. Jahrhundert n. Chr. wurde auf __________________________ geschrieben. Dieser Beschreibstoff war so kostbar, dass man häufig die Schrift auf alten Pergamentblättern abrieb, um sie neu zu beschreiben. Ein wieder beschriebenes Pergament nennt man ______________________. Bibelwissenschaftler interessieren sich für die untere, die ______________________ Schrift. Je mehr alte Schriften sie entziffern, desto genauere Informationen erhalten wir über den __________________________ Text. Auf dem Sinai hat der Forscher Constantin Tischendorf eine ganz alte Bibelhandschrift gefunden, den

____________________________.

Setze ein:
Pergament – Handschrift – griechischer – ältere -
Palimpsest – Papyrusfetzen – ursprünglichen –
Schriftvergleich – Codex Sinaiticus

7. Die Erfindung des Buchdrucks

Vorbemerkungen

Zum Abschluss der Unterrichtseinheit geht es um die revolutionierende Erfindung des Buchdrucks, der die Übersetzung der Bibel ins Deutsche vorangegangen war. Kindern, die heute mit vielen Medien aufwachsen, muss die Bedeutung dieser Erfindung erklärt werden. Vergleiche mit dem Computer und dem Internet sind durchaus möglich.

Sachwissen

s. Infotext (**M18**)

Material

Arbeitsblätter „Buchdruck und Bibelübersetzung" (**M19**) und „In einer alten Druckerwerkstatt" (**M20**); ggf. vergrößertes Bild einer Druckerwerkstatt (**M20**) mit Textkärtchen

Unterrichtsplanung

Die Lehrperson gestaltet zunächst ein forschend-entwickelndes Unterrichtsgespräch ggf. mit einer Abbildung der Gutenbergbibel. Der obige Text könnte ebenfalls als Infotext den Kindern zur Verfügung gestellt werden. Die Internetseite über die Göttinger Gutenbergbibel www.gutenbergdigital.de bietet ausführliche Informationen.

(Differenzierung: Hier könnten die Kinder selbst recherchieren.)

➪ **Tipp:** Bei Wegener (Literaturverzeichnis!) findet sich ein ausführlicher Bericht über Gutenberg, der sich gut als Vorlage einer Lehrererzählung eignet und der auch in Abschnitten vorgelesen werden kann.

Im Unterrichtsgespräch sollte angesprochen werden:

- Gründe, warum Gutenberg im Jahre 2001 zum „Mann des Jahrtausends" gewählt wurde
- Warum die Bücher vor Gutenbergs Erfindung so teuer waren
- Folgen von Gutenbergs Erfindung in Verbindung mit Luthers Bibelübersetzung.

Diese drei Punkte werden von den Kindern auch schriftlich bearbeitet (siehe **M19**). Hier würde sich eine Gruppenarbeit anbieten. Ebenfalls könnte dieses Arbeitsblatt als Hausaufgabe gegeben werden.

Das Arbeitsblatt **M20** bietet die Möglichkeit, den genauen Ablauf in einer alten Druckerwerkstatt zu erfahren.

Differenzierung

Die Kinder schreiben entweder nur Überschriften neben die Bilder oder ganze Texte.

Die Bildunterschriften können lauten:

1. Bedienung der Presse
2. Positionierung einer Seite
3. Einfärben eines Satzspiegels

Eine andere Variante besonders für jüngere Kinder ist, das Gesamtbild der Werkstatt vergrößert zu kopieren und Begriffe aus dem Druckerbereich von den Kindern einfügen zu lassen: Presse, Setzkasten, Papierbogen, Farbe usw..

➪ **Tipp:** In vielen Schulbüchern zum Religionsunterricht und zum Geschichtsunterricht finden sich oft Abbildungen und Arbeitsblätter zum Thema Buchdruck!

Weiterarbeit

In vielen Schulen gibt es noch eine Schülerdruckerei oder wenigstens einige Druckerkästen. In Verbindung mit dem Deutschunterricht bietet es sich an, einen Text zu drucken, z. B. eine Einladung zum Schul- oder Klassenfest, Grußkarten zu Weihnachten etc. Hierbei würden die Schülerinnen und Schüler die Arbeit Gutenbergs nachempfinden.

Natürlich muss im Verlauf des Unterrichts die Weiterentwicklung des Druckereiwesens durch die Erfindung des Computers und allgemein des digitalen Zeitalters angesprochen werden.

M18 Infotext

Bereits im 4. Jahrhundert n. Chr. begann Hieronymus mit der Übersetzung der Bibel ins Lateinische. Latein – die Sprache der Gelehrten – blieb bis zur Neuzeit die Sprache der Bibel. Alle wichtigen Bibelabschriften des Mittelalters sind in lateinischer Sprache verfasst. Martin Luther hat die komplette Bibel ins Deutsche übersetzt, 1534 war sein Werk abgeschlossen. Erst jetzt konnten die Menschen die Bibel selber lesen, sie waren nicht mehr auf Erzählungen der Priester und auf Bilder („Armenbibeln") angewiesen.

Im Mittelalter lernten die Menschen, Papier aus Lumpen herzustellen, Papiermühlen entstanden. Papier war längst nicht so kostbar wie Pergament und konnte in größeren Mengen hergestellt werden. 1455 wurde das erste Buch gedruckt, eine Bibel. Johannes Gutenberg stellte aus Metall einzelne Buchstaben her. Diese „Lettern" wurden zu Wörtern zusammengesetzt, Sätze und ganze Texte wurden so erstellt. Waren die Seiten erst einmal fertig gesetzt, konnten sie beliebig oft vervielfältigt werden. Das war eine „Revolution", wenn man bedenkt, dass ein Mönch in seiner Schreibstube etwa zwei Jahre zum Abschreiben der Bibel benötigte.

M19 Buchdruck und Bibelübersetzung

1455 wurde von Johannes Gutenberg das erste Buch gedruckt. 1534 war Martin Luther mit der Übersetzung der gesamten Bibel fertig.

1. Schreibt auf, warum Bücher vor der Erfindung Gutenbergs so teuer waren.

___

___

___

___

___

2. Was waren die Folgen von Luthers Bibelübersetzung in Verbindung mit der Erfindung des Buchdruckes?

___

___

___

___

___

3. Gutenberg wurde im Jahr 2001 zum „Mann des Jahrtausends" gewählt. Warum wohl?

___

___

___

___

___

M20 In einer alten Druckerwerkstatt

Bild 1

Bild 2

Bild 3

Literaturhinweise

Alexander, David und Pat (Hrsg.): Handbuch zur Bibel, Wuppertal 61986

Böttrich, Christfried: Der Jahrhundertfund – Entdeckung und Geschichte des Codex Sinaiticus, Leipzig 2011

Drosdowski, Günther: DUDEN Lexikon der Vornamen, Mannheim 21974

Evangelisches Bibelwerk in Verbindung mit der Württembergischen Bibelgesellschaft (Hrsg.): Die Bibel – ein wertvolles Buch, 4 Postkarten aus Bibelhandschriften und Bibeldrucken, Stuttgart o. J.

Freudenberg, Hans (Hrsg.): Religionsunterricht praktisch 3. Schuljahr, Göttingen 51998

Ganz, Peter et al.: Wolfenbütteler Cimelien – Das Evangeliar Heinrichs des Löwen in der Herzog August Bibliothek, Wolfenbüttel 1989

Göller, Luitgar (Hrsg.): Unterm Sternenmantel – 1000 Jahre Bistum Bamberg 1007–2007, Petersberg 2007

Gottschlich, Jürgen: Der Bibeljäger – Die abenteuerliche Suche nach der Urfassung des Neuen Testaments, Berlin 2010

Grothaus, Hans et al. (Hrsg.): Zur Bibel – Informationen – Fragen – Meinungen, Dortmund 1976

Halbfas, Hubertus: Religionsunterricht in der Grundschule, Lehrerhandbuch 3, Düsseldorf 61996

Happel, E. W. et al.: Einführung in die Bibel – Unterrichtsmodelle für die Orientierungsstufe: RU 5, Rehburg-Loccum 1977

Hein, Günther et al.: Löwenstarke Geschichten – Heinrich der Löwe und seine Zeit – Das Ausstellungsbuch für junge Leute ab 10 Jahren, Braunschweig 1995

Historisches Museum der Pfalz und Institut für Fränkisch-Pfälzische Geschichte (Hrsg.): Die Salier – Macht im Wandel, Speyer 2011

Hughes, Gerald et al.: Faszination Bibel, Wuppertal 2000

Kelch, Udo: Überlieferung der Bibel (Unterrichtsmodellentwurf für die Klassen 5 bis 7); in: Ev. RU in Berlin, 3. Jg., Nr. 4, Dez. 1973, S. 126 ff.

Konukiewitz, Christine und Wolfgang: Einführung in die Bibel, Hannover 1973

Lange, Günter et al.: Exodus 4 (Schülerbuch und Lehrerkommentar – Neuausgabe); Düsseldorf und München 1987

Mackensen, Lutz: Das große Buch der Vornamen, Frankfurt/M – Berlin – Wien 1980

Munzel, Friedhelm/Veit, Reinhard: Religion 3/4: Brücken bauen; Stuttgart 1997

Parker, David C.: Codex Sinaiticus – Geschichte der ältesten Bibel der Welt, Deutsche Bibelgesellschaft, Stuttgart 2012

Puhle, Matthias: Aufbruch in die Gotik – Der Magdeburger Dom und die späte Stauferzeit, Mainz 2009

Ringshausen, Karl: Das Buch der Bücher – Eine Bibelkunde, Frankfurt am Main 71975

Rischbieter, Bianca: Kinder entdecken die Bibel; in: Braunschweiger Beiträge 'bb'98 – 4/2001, S. 4 ff.

Schneider, Hagen: 3fach Geschichte – Kopiervorlagen – Teil 2: Vom frühen Mittelalter bis zum Dreißigjährigen Krieg, Berlin 2010

Wegener, Günther S.: 6000 Jahre und ein Buch, Kassel 71966

Wolf, Ursula und Werner: Die Bibel als Buch – Einführung in die Bibel I; Unterrichtsmodelle Fach Religion Nr. 2, München 41975